Kaiboia ao Butaritari

—

Kaiboia and Butaritari

First published in 2025 by Little Island Press

Text copyright © 2025 W. L. Teem,
E. B. Nganga and T. K. Timoteo
in association with
Kiribati Federation Aotearoa

Illustrations copyright © 2025 Azra Pancho

Format copyright © 2025 Little Island Press

Published by Little Island Press,
Auckland, New Zealand
http://littleisland.nz

202506271202

ISBN 978-1-877484-52-0

This project was partially funded
by Ministry for Pacific Peoples.

Kaiboia ao Butaritari

–

Kaiboia and Butaritari

A traditional story retold by
Te Ribana Project team members
W. L. Teem, E. B. Nganga
and T. K. Timoteo

Illustrated by
Azra Pancho

LITTLE ISLAND PRESS

Rimoarimoa, iai te mwaane ae arana Kaiboia are e maeka ma buna n te kaawa ae Buariki, i Tarawa.

A long time ago in Buariki, on the island of Tarawa, a man called Kaiboia lived with his wife.

Anuan teuaaio e kabwakaroro ao e taningaroti. E aki korokarewe, e aki akawa, ao e aki ribanaa te bwabwai. Tiaki aroia kaain ana kaawa aika a rang ni maribo. E ngae ngke e kaungaaki nanona iroun buna, e bon aki kuba naba iai Kaiboia.

Kaiboia was a lazy man. Unlike the villagers, he did not cut toddy, did not go fishing, and did not own a bwabwai pit. His wife encouraged him to be more hard working, but Kaiboa could not be bothered.

N tetaina e a moti nanoia kaain ana kaawa bwa te biriamwarake. Kanoana bon teniman te taari n ika, uakai te bwabwai, ao uoua te binobino ni kamwaimwai. A na uotaki amwarake aikai nakon te mwaneaba, bwa taian karea nakon antiia. A bane ni koro aia biri kaain te kaawa ma bon ti teuaare Kaiboia ma buna ae e aki roko aia biri.

One day, the villagers decided that each family would bring a food offering of three salted fish, two bwabwai crops, and two buoys of kamwaimwai. They must bring these to the mwaneaba and present them to their gods. Everyone fulfilled their offerings, except Kaiboa and his wife.

A nanoangaiia kaain te kaawa ao a tuangia,
"Keiaki karekea ami biri nakon te botaki are
i mwina."

The villagers felt sympathetic to them and reassured them not to worry. "You can make it up at the next gathering," they said.

Akea bwa e a roko te bong anne are a ana uoti aia biri iai kaain te kaawa nakon te mwaneaba, ma Kaiboia ao buna a manga karautaeka naba bwa e aki reke aia biri.

The next gathering came, and everyone proudly delivered their gifts. Once again, Kaiboia and his wife did not have anything to offer and, therefore, sent their apologies.

A bon rangi n un kaain te kaawa
irouia ao a iangoa katuuaaeaia.

The villagers were angry this
time and decided that the couple
should be punished.

E a bon rootia te maku
Kaiboia ma ngaia are e a
moana ana korokarewe, e a
ruona te rua n ribana, ao n
nako n akawa i aon wana ae
e uarereke.

Kaiboia was very scared,
so he started cutting toddy,
worked on his bwabwai
pit, and went fishing on his
small canoe.

E a nako iaang ao e a kaaitibo ma taan tia akawa tabemwang. A ngareakina Kaiboia ibukin are a bon tuai man nonoria n akawa.

E takaarua temanna nakoina, "Kaiboia, N na reireiniko aron kanimwan abeam?"

E a manga taku teuaare temanna, "Kai e a kaawa, tia tibwai konara nakoina?" E ngare ao e kateitea konana.

He set off to the northern part of the lagoon. There, he met other fishermen who laughed at him because he had never fished before.

"Let me show you how to bait a hook, Kaiboia?" One man shouted.

"How about we give him some of our catches?" Another man added, showing off one of his fish.

N na kakeei wiia. E na reke konau ae akea i aon buburana, e a moti nanon teuaaei bwa e nang kakoroi bukin ana iango.

Ngaia are e a bwennarina nako ni kararoaa mai irouia. E a rokoroko i aan Abaiang, ma e a manga bon kararoaa nako riki teutana ni katibaa Abaiang, ao e a beti n akawa iai.

I will prove them wrong. I will catch the biggest fish no one has ever caught, Kaiboia promised himself as he withdrew his fishing line and grabbed his paddle.

He paddled his canoe further north to get as far away from the men, passing Abaiang island until he found a fishing spot.

Tabeua te aoa imwina, ao bon akea naba konana. E aki
bwarannano Kaiboia. E onea abeana, e kabwaka ana ao, ao e
tataninga.

A few hours later, there was still no fish. Kaiboia did not want to give up. He changed his bait, threw in his line, and waited.

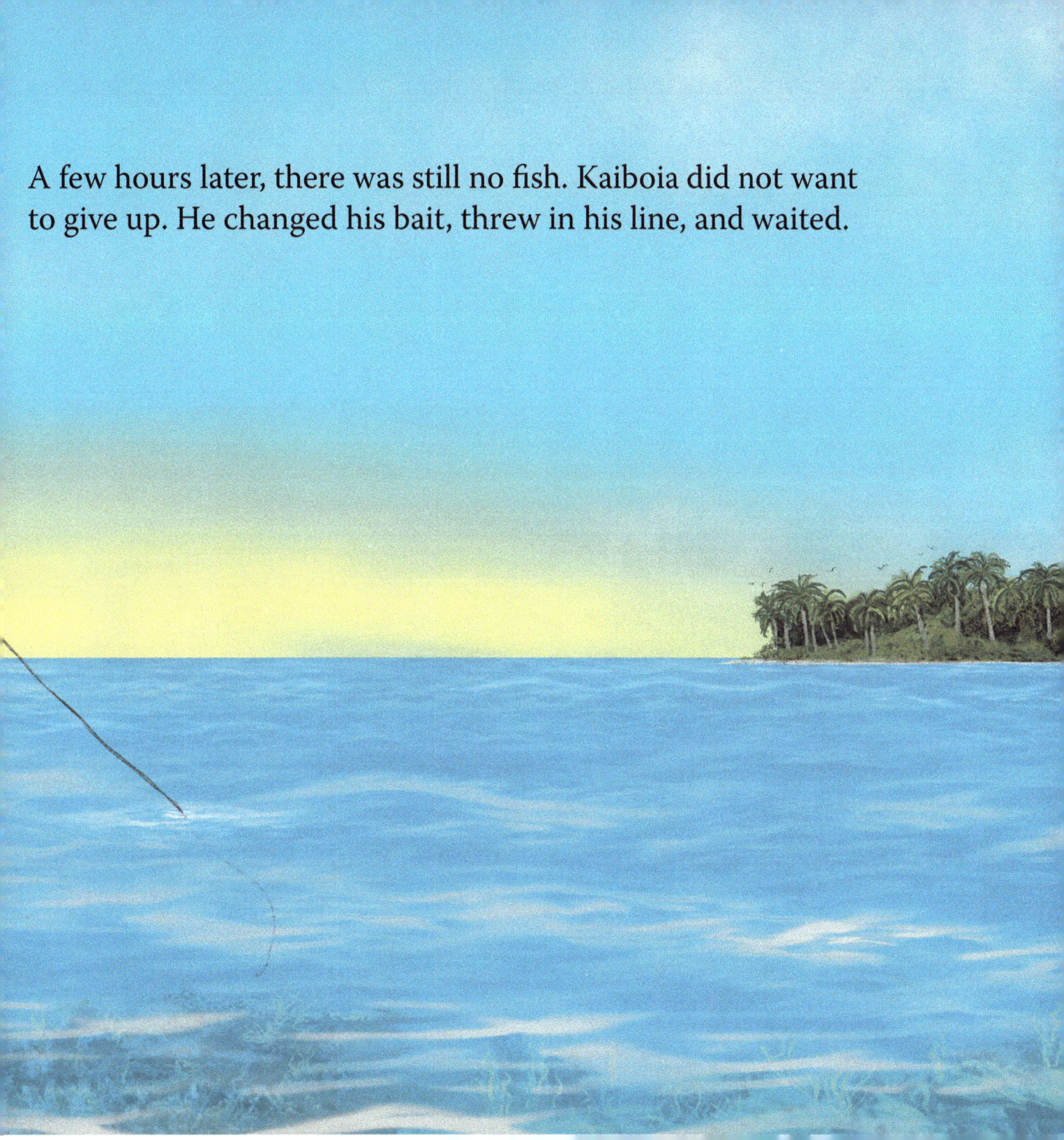

E taku bwa e nang aki reke konana ngke e a tiki nako naba ana ao n inenei nako. E a aitia ni kabanea angina ma ana kantaninga are e a teke konana ae e buburakaei. Ngke e a tabe n ria konana, e bure matana n noria bwa tiaki te ika ma bon te aba are e teke n ana matau.

And just when he thought that no fish would bite, Kaiboia suddenly felt a strong tug at the end of his fishing line. With all his might, he pulled, and pulled, and pulled, hoping to see a huge fish. To his surprise, it was not a fish, but an island at the end of his hook.

Ao e arana te aba anne bwa Butaritari.

He named the island, Butaritari.

Glossary

Aba – island

Abea – bait (Abeana – one's bait)

Akawa – fishing

Anti – god/ghost/spirit

Ao – fishing line

Binobino – a round container used for storing drinks

Biri – contribution

Biriamwarake – food contribution

Botaki – gathering/meeting

Buburakaei – huge/humongous/enormous

Bu – spouse (buna – one's spouse)

Butaritari – an island located in the northern part of Kiribati. It means 'the scent of the sea'

Bwabwai – a giant swamp root crop only grown in Kiribati

Bwennarina – paddling

Iaang – heading north

Kaawa – village

Kabwaka – drop

Kabwakaroro – lazy/useless

Kamwaimwai – toddy syrup

Karea – offering/gift

Katibaa – pass/dodge

Katuuaaeaia – punishment

Kona – catch (konana – one's catch)

Korokarewe – cutting toddy

Maku – scared

Maribo – hard working

Matau – fishing hook

Mwaane – man/boy

Mwaneaba – meeting house

Nanoangaiia – feeling sympathy for someone

Ngare – laugh

Ribana – cultivate

Rua – pit

Taningaroti – lazy

Tataninga – wait

Teniman – three (used for counting people, animals, and insects)

Uakai – two (used for counting trees and plants)

Un-angry

Uoua – two (used for counting objects)